Saliendo Vivo: ISBN: *Paperback* 978-1-64873-189-1 ISBN: *EBOOK* 978-1-64873-190-7

Conceptos básicos sobre supervivientes: ISBN: *EBOOK* 978-1-64873-192-1 ISBN: *Paperback* 978-1-64873-191-4 **Comienzos iniciales:** ISBN: *Paperback* 978-1-64873-193-8 ISBN: EBOOK 978-1-64873-194-5 **12 Guía paso a paso para la restauración:** ISBN: *Paperback* 978-1-64873-195-2

Impreso en los Estados Unidos de América

Publicado por:
Editorial del escritor
Prescott, Az 86301

Portada y diseño de interiores por Creative Artistic Excellence Marketing
Gestión de proyectos y lanzamiento de libros por Creative Artistic Excellence

**Nacional nacional
Línea directa de abuso
1-800-799-7233**

Cada País Puede Tener Leyes Diferentes

12- Programa de restauración de pasos

Saliendo Vivo

Por sobreviviente a propósito

Tabla de contenido

De acuerdo con, "La pandemia de COVID-19 causada por el síndrome respiratorio agudo coronavirus 2 (SARS-CoV-2) ha causado una destrucción significativa en todo el mundo. En Estados Unidos (EEUU) al 18 de abril de 2020 había 690.714 casos reportados y 35.443 muertes. Para frenar la propagación de las cuarentenas del SRAS-CoV-2, se han adoptado medidas de aislamiento social, restricciones de viaje y órdenes de permanencia en el hogar. Mientras que muchos estados en los EE.UU. implementan las órdenes de permanecer en casa de manera diferente, en la mayoría de los casos se espera que las personas permanezcan en el interior excepto para actividades esenciales (por ejemplo, obtener alimentos, medicamentos, tratamiento médico) o para trabajar en negocios esenciales (por ejemplo, atención médica, operaciones de infraestructura esenciales).

"Aunque estas medidas pueden ser eficaces para controlar la propagación de enfermedades, tienen un profundo impacto en la sociedad que conduce a repercusiones sociales, financieras y psicológicas. El aislamiento puede exponer o empeorar las vulnerabilidades debido a la falta de sistemas de apoyo social establecidos. El cierre temporal de empresas no esenciales ha provocado desempleados y tensiones económicas. Las condiciones de cuarentena se asocian con el abuso de alcohol, depresión y síntomas de estrés postraumático. Las órdenes de quedarse en casa pueden causar un ambiente catastrófico para individuos cuyas vidas están plagadas de violencia doméstica (DV)".[1]

En un artículo sobre el maltrato doméstico durante la pandemia, "los informes de violencia doméstica aumentaron en más de un 30% en Francia. El gobierno regional catalán de España dijo que experimentaron un aumento del 20% en las llamadas a su línea de ayuda al comienzo del cierre de España.

---

[1] (NCBI, n.d.)

'Las estadísticas de violencia doméstica son aún más sombrías en América Latina. La violencia intrafamiliar contra las mujeres entre 29 y 59 años se disparó un 94% entre marzo y mayo en Colombia, según el Post. Paraguay registró un aumento del 35% en los reportes de abuso en marzo. Buenos Aires registró un aumento del 48% en las llamadas de línea directa, mientras que el estado venezolano de Táchira dijo que respondió a 840 casos de abuso de marzo a mayo. En 2019, respondieron a solo 150 casos durante el mismo período.

"Estados Unidos es un país que no ha visto un repunte en las denuncias de violencia doméstica. De hecho, las tasas han caído en algunas regiones en más del 50% en 2020, según el New England Journal of Medicine. Pero los defensores dicen que es solo porque las víctimas no están reportando incidentes o recibiendo la ayuda que necesitan. Por ejemplo, los maestros y los trabajadores sociales no pueden identificar y denunciar el maltrato infantil si las escuelas y las guarderías están cerradas.

"Hopkins Medicine dice que si bien las estadísticas de violencia doméstica no han aumentado en los Estados Unidos, la tasa de asesinato-suicidio —donde un compañero masculino mata a una mujer y luego a sí mismo— ha aumentado desde la misma época el año pasado.

Según los expertos, la pandemia es una "tormenta perfecta" para la violencia doméstica. El NEJM argumenta que las dificultades económicas, el aumento del estrés y las nuevas barreras para denunciar la violencia apuntan a un aumento de los informes futuros".[2]

---

[2] (Statistics, n.d.)

Introducción

Bienvenidos al Programa de Sobreviviente Propuesto 12 Pasos a la Restauración. El libro Getting Out Alive es una guía sencilla para ayudar a la víctima de abuso doméstico a encontrar su camino hacia la libertad. Entendemos el caos que corre desenfrenado en su vida en este punto, y la idea de la restauración parece imposible. Sin embargo, hay esperanza. Les instamos a leer el contenido de este libro a fondo y examinar cada opción y salida para restaurar la libertad en su vida. La ayuda está disponible, no está solo. El contenido de este libro le dará algunas pautas para entender los signos de abuso doméstico, junto con consejos sobre cómo buscar asistencia para hacer cumplir la ley, y proporciona acciones clave para ayudar a mantenerse a sí mismo y a sus hijos a salvo con Getting Out Alive. Recuerden, estas son solo pautas, pero el Programa de Sobrevivientes Propósitos fue organizado por personas que han sobrevivido a las ramificaciones del abuso

doméstico y han logrado una restauración completa.

Reconocimiento

La historia que está a punto de leer no tenía la intención de disuadirlo de convertirse en miembro de Propósito Sobreviviente, sino para asegurar su comprensión de las realidades violentas que están entrelazadas con el abuso doméstico.

"La mañana llegó como cualquier otra; sin embargo, mi estómago sabía que esto no era cualquier día. Finalmente había llegado el momento de que mi plan se iniciara.

"Pasé el día reuniendo pequeños objetos que se necesitaban para ganar mi libertad. La caja era pequeña y fácil de llevar. El tiempo era esencial, y no había lugar para el error. Ya que la tarde estaba entrando, tuve que completar mis tareas y prepararme para mi escape más tarde esa noche. Escondida fuera de la puerta, escondida de la vista, era la caja que necesitaba llevar conmigo. Mi mente se centró en la idea de finalmente ser libre, solo tuve que sobrevivir una noche más.

"Mi estómago comenzó a agitarse cuando la noche se cerró, pero tuve que mantenerme concentrado en la misión que tenía a mano. En cierto modo, ya me sentía libre. Por primera vez, el alcance de los golpes no me preocupó esta noche. Mis únicos pensamientos eran sobre "Salir Vivo".

"Entonces justo en el momento comenzó la pesadilla, y me encontré acurrucado en el suelo en posición fetal para proteger mi cuerpo de los golpes. Mientras él continuaba golpeando la piel marchita que yacía sobre mi marco, yo me acosté en el suelo, preguntándome cuánto duraría la paliza esta vez.

'El único mecanismo de supervivencia que tuve que soportar esto fue abandonar literalmente mi cuerpo, y detener todo pensamiento y sentimiento consciente. Caer en este trance me sirvió mucho con los años, especialmente esta noche.

"Entonces, de la misma manera que comenzó la brutalidad, comenzó su despotricar, y esto significó que la paliza estaba terminando. Saliendo de la habitación enfurecido, riendo de la patética vista que vio tendido en el suelo, ladró demandas mientras desaparecía por el pasillo. Me quedé inmóvil en el suelo tratando de recuperar la conciencia. Cada encuentro se me hacía cada vez más difícil recuperar la compostura. Podía evitar el dolor cuando me quedaba estático en trance. Bajarse del piso fue extremadamente difícil. A veces, tuve que arrastrarme por un tiempo hasta que fui lo suficientemente fuerte para pararme.

"Haciendo todo lo posible para permanecer callado y no perturbar el silencio, esperé hasta que la oscuridad se apoderó del cielo, y el sonido de sus ronquidos sacudió la casa. Después de que él estaba profundamente dormido y no había posibilidad de molestarlo, reuní mi abrigo y mi bolso. Mis temores anteriores de irme se estaban lavando rápidamente. El concepto de libertad era real y lo podía sentir ahora.

"Por la calle a una distancia clara de mi casa esperaba un amigo. Apurarse a conocerlos no era una preocupación; esperarían toda la noche si fuera necesario. Mi primera prioridad tenía que ser "Salir Vivo". Con mis escasas pertenencias metidas bajo el brazo, alcancé la manija de la puerta. Mi primer gusto por la libertad fue calmante y trajo una completa sensación de paz sobre mi cuerpo.

"El refugio local de mujeres no estaba lejos y mi amiga estaba feliz de verme con vida. El refugio no estaba en casa o donde quería pasar mi tiempo, pero fue un comienzo. El encargado me asignó un cajón de cuna y cómoda para las pocas pertenencias que tenía. Poco a poco saqué los objetos de mi caja y los deposité uno a uno en el catre que me asignaron. Pero al observar estas escasas pertenencias, me di cuenta del horror que había padecido durante tantos años y que no me dejaba más que huesos rotos y pesadillas horrorosas.

"Mi vida no tenía sentido; de hecho, no tenía vida en absoluto. En esencia, el tiempo que se pasó soportando el abuso fue en vano, porque no dejó más que oscuridad y experiencias viles. La realidad levantó su fea cabeza, y vi mi situación por lo que realmente era. Sabía que tenía que haber una mejor manera de vivir. No importa lo difícil que esto parecía en ese momento, nada sería tan malo como lo que había pasado.

"Después de escanear cada uno de mis artículos y ponerlos ordenadamente en el cajón, miré alrededor del refugio. Sentada en el borde de su catre al otro lado de la habitación, vi a una mujer, y un sentido de urgencia se apoderó de mi alma.

"La energía me llevó a su lado. Nos sentamos en silencio por algún tiempo antes de que ella hablara. Sólo la sostuve en mis brazos para calmar el terror que sentía dentro. Conforme avanzaba la noche, sus miedos comenzaron a sobrepasarla, y ella cayó en trance; una mirada que había visto muchas veces en mi propia cara.

Continuando sujetándola en mis brazos, palabras tranquilizadoras formaron una canción dentro de mi cabeza. Canté galantemente la mayor parte de la noche, tratando de calmar su atribulado corazón.

"A la luz de la mañana, había sobrevivido a su primera noche de libertad. Sin embargo, la luz del día solo sirvió para añadir preocupaciones adicionales. A medida que recobraba la conciencia, su miedo superaba cualquier decisión racional. Ella comenzó a exclamarme: "Tengo que irme, esto fue un error. Se ha calmado ahora, estaré bien. Sólo le diré que fui a dar un paseo".

"El miedo que sentía sobrepasó mi cuerpo y le supliqué una y otra vez: "Aún no eres invisible, por favor no te vayas. Por favor, no se vayan, todavía no es seguro".

"Más tarde ese día, me vi obligado a abandonarme y le rogué que se quedara: "Dale más tiempo, por favor no te vayas", le dije. Agradeciéndome por mi ayuda durante toda la noche que prometió quedarse, lo que alivió mis temores.

"Al querer ver su cara una vez más al salir del refugio, me volví y vi el terror puro albergado dentro de sus ojos. Era una mirada que nunca olvidaría. Incierto de mi propio destino, sabía los riesgos de salir del refugio, pero importantes negocios me llevaron fuera de la seguridad. Al regresar rápidamente, inmediatamente la busqué y vi que el catre que le habían asignado estaba siendo rehecho para otra persona. El personal informó que se fue poco después de que yo lo hiciera. No pudieron convencerla de que se quedara.

"Mi corazón se hundió, sabiendo el terror que estaría enfrentando. Nada podría sacudir la mirada que vi en sus ojos ese día. Las siguientes horas fueron casi insoportables. Todo el dolor, la angustia y la tristeza que sentía dentro se precipitó fuera de mí como un maldito se había roto. Las palabras no podían describir los sentimientos que corrían por mi cabeza en ese momento.

"Más tarde esa noche su cuna fue reasignada a otra mujer, dejando todas las camas llenas una vez más.

Sin embargo, esta noche el refugio estaba vacío para mí. Me resbalé en mi trance y me siento dormido, acurrucado en una pelota, sollozando por el dolor que se desgarraba por mi cuerpo.

"Mientras el sol salía a la mañana siguiente y los rayos me calentaban la cara, miré a mi alrededor y no escuché más que silencio. Era un lugar tranquilo y sereno. La libertad comenzó a apoderarse de mi alma.

"Había llegado el momento de que entendiera mi verdadero llamado en la vida. Han pasado muchos años desde aquel día, pero ninguno pasa sin la imagen de su rostro y la intensidad del dolor que asolaba su alma.

Todavía puedo oírla decir, "Está bien, estaré bien. Ahora está tranquilo. Está bien, voy a estar bien".

Esas fueron las palabras definitorias que sacaron a la luz las realidades del maltrato en el hogar. Y me prometí esa mañana, que haría lo que fuera necesario para encontrar una salida segura para las mujeres que buscan una salida.

"Que ninguna mujer que busque liberarse del maltrato doméstico se lesione o muera de nuevo".

"Su muerte plagará mi alma para siempre. Por esa razón, su historia está escrita en el reconocimiento de estos libros, para que cualquiera que lea las páginas del Programa de Sobrevivientes Propósitos sepa que existió y lleve su memoria con ellos también. Es por estas mujeres que murieron por una situación abusiva que se formó este programa.

"Por favor, den siempre un momento de silencio por los individuos que todavía sufren en situaciones de abuso doméstico. Oren por sus almas y el camino que conduce a la libertad".

Carmen- Miembro Superviviente 2009

El sobreviviente a propósito

Introducción al programa

Todos entramos en este programa buscando la restauración de una situación abusiva. En este caso, entendemos las características comunes de los relatos de cada persona, pero escritos o verbales, la restauración de nadie es la misma. Este libro no pretende ser un estudio exhaustivo de los pasos o tradiciones de PS, ni pretende ser el trabajo final sobre cualquier aspecto de la restauración o la unidad de PS. Más bien, está destinado a ayudarle a determinar su propia interpretación de los principios contenidos en nuestros pasos y tradiciones. Nuestra esperanza es que obtengan una sensación de paz y libertad del proceso de restauración. Rezamos para que encuentre una guía completa para vivir su vida sin existir en las ramificaciones del abuso doméstico. A medida que avanzas en el programa, tu participación es lo que mantiene viva la esperanza para los recién llegados. Al relacionar las experiencias de tu pasado, les muestras el camino hacia la libertad y una vida llena de promesas de un futuro brillante.

Cada miembro del PS ha contribuido de alguna manera al contenido de este libro. Ya sea que sea un miembro de larga data o un recién llegado, su experiencia es crucial para el programa y los miembros que practican el proceso de restauración. Fue nuestra conciencia colectiva la que conservó el conocimiento necesario para completar las páginas de este libro y traer esperanza continua al sobreviviente que todavía sufre las ramificaciones del abuso doméstico.

Rezamos colectivamente para que este libro aporte un valioso mensaje terapéutico a su programa de restauración. Es a través de un sobreviviente ayudando a otro que encontramos la restauración, una conexión con nuestro Poder Superior y el mensaje de esperanza para el futuro.

Capítulo Uno:

Signos de abuso doméstico

(Rasgos de comportamiento)

La siguiente sección de este libro define algunos de los rasgos de comportamiento comunes de los individuos abusivos. Si bien estas no se refieren a todas las situaciones, son los factores atenuantes más comunes.

Este libro fue diseñado con el único propósito de guiar al Superviviente Propuesto en algunos procedimientos seguros para "Salir Vivo". Es importante buscar cualquier salida necesaria cuando se planea dejar cualquier situación de abuso doméstico. Usted no está solo, y la ayuda está disponible.

Algunos de estos patrones pueden pertenecer a usted o a su pareja. De cualquier manera, son denominadores comunes para el fundamento de una situación abusiva potencial.

1. **Patrones de denegación:**
   a. Tengo dificultades para identificar lo que estoy sintiendo.
   b. Minimizo, altero o niego lo que realmente siento.
   c. Me percibo como completamente desinteresado y dedicado al bienestar de los demás.

2. **Patrones de baja autoestima:**
   A. Tengo dificultades para tomar decisiones.
   B. Juzgo todo lo que pienso, digo o hago con dureza como nunca "lo suficientemente bueno".
   C. Me da vergüenza recibir reconocimiento y elogios o regalos.
   D. No pido a otros que satisfagan mis necesidades o deseos.

E. Valoro la aprobación de otros de mi pensamiento, sentimientos y comportamiento por sobre el mío propio.

F. No me percibo como una persona adorable o que vale la pena.

3. **Patrones de cumplimiento:**

   A. Comprometo mis propios valores e integridad para evitar el rechazo o la ira de otros.

   B. Soy muy sensible a cómo otros se sienten y sienten lo mismo.

   C. Soy extremadamente leal, permanezco en situaciones dañinas demasiado tiempo.

   D. Valoro las opiniones y sentimientos de los demás más que los míos y tengo miedo de expresar opiniones y sentimientos diferentes de los míos.

E. Dejé de lado mis propios intereses y aficiones para hacer lo que otros quieren.

F. Acepto el sexo cuando quiero amor.

4. **Patrones de control:**

A. Creo que la mayoría de las otras personas son incapaces de cuidarse a sí mismas.

B. Intento convencer a otros de lo que "deberían" pensar y de cómo se sienten "verdaderamente".

C. Me siento resentido cuando otros no me dejan ayudarlos.

D. Ofrezco libremente a los demás consejos y direcciones sin que me lo pidan.

E. Doy regalos y favores a los que me importan.

F. Uso el sexo para obtener aprobación y aceptación.

G. Tengo que ser "necesitado" para poder tener una relación con los demás.

Para entender los signos de un individuo abusivo, es importante primero comprender la biología básica de la emoción humana.

Definición

1. **Ira-** Un fuerte sentimiento de desagrado y beligerancia suscitado por un error real o supuesto; ira.
2. **Agresión-** Cualquier acción, ataque o práctica ofensiva. La práctica de hacer asaltos o ataques

Fisiología

La expresión externa de la ira puede verse a través de varias formas diferentes de lenguaje corporal. Primero la cara se enrojece, y los músculos de la frente se mueven hacia dentro y hacia abajo, fijando una mirada dura constante en el objetivo. Las fosas nasales estallan, y la mandíbula tiende a apretarse. Un impulso de huelga acompaña este sentimiento subjetivo de agresión. La ira es un estado emocional que puede ir desde una irritación menor hasta una ira intensa.

La ira puede ser vista como una forma de reacción sexual; una respuesta saludable que ha evolucionado para permitirnos hacer frente a las amenazas. Hay tres tipos de ira:

a. **Rabia repentina:** El impulso para la auto-preservación. Ocurre cuando alguien es atormentado o atrapado.

b. **Ira premeditada:** Una reacción a un trato deliberado o injusto percibido de los demás.

Las dos primeras formas de ira son episódicas (ocurre en el curso de una serie de eventos). La tercera forma de ira involucra tendencias que pueden pertenecer a algún estado mental o temperamento.

c. **Enojo disposicional:** La ira es disposicional y está relacionada con rasgos de carácter, más que con instintos o cogniciones (el acto y proceso de saber). Irritabilidad, estado de ánimo, resentimiento son ejemplos de esta forma de ira.

Hay marcadas diferencias entre la ira y la agresión (verbal, física, directa o indirecta), aunque se influyen mutuamente. La ira puede activar la agresión o aumentar su probabilidad, o intensidad; sin embargo, no es ni necesaria ni suficiente condición de agresión.

Causas

En la mayoría de los casos, aquellos que experimentan ira explican su excitación como resultado de "lo que les acaba de pasar", y en la mayoría de las circunstancias las provocaciones ocurren inmediatamente antes de la experiencia de ira. Las experiencias de ira se insertan o anidan dentro de un contexto ambiente-temporal (cronológico). Estas explicaciones confirman la idea de que la ira tiene una causa externa discreta. Por ejemplo, los disturbios que tal vez no hayan entrañado ira al comienzo de la licencia siguen sin reconocerse fácilmente, pero funcionan como un telón de fondo persistente para las provocaciones focales de ira.

d. **La agresión** se refiere a la conducta entre miembros de la misma especie que tiene la intención de causar dolor o daño. La agresión adopta diversas formas entre los seres humanos y puede ser física, mental o verbal. Esta forma de comportamiento no debe confundirse con asertividad.

Hay dos grandes categorías de agresión: agresión afectiva (expresiva externa) o de represalia (deliberada) hostil, y agresión instrumental, depredadora o orientada a objetivos.

La investigación indica que existen diferencias críticas entre ambos; sin embargo, ambas son psicológicas y fisiológicas. Al considerar la agresión física, los machos tienden a ser más agresivos debido a la evolución primaria; sin embargo, como las hembras pueden ser físicamente más débiles, recurrirán a otros medios. Por ejemplo, cuando una mujer elige buscar venganza, puede que no sea capaz de vencer a su oponente. Así que en lugar de eso puede buscar una retribución que sea de igual magnitud y estado mental sin ponerse en peligro directo.

Factores situacionales

Las deficiencias químicas (sustancias que alteran la mente) afectan el juicio, haciendo que las personas sean mucho menos cautelosas de lo que serían en condiciones normales. La influencia química interrumpe los patrones cerebrales normales, haciendo que la persona vea un evento accidental como uno intencional, y por lo tanto actúe más agresivamente. Esta es una reacción común cuando se ingiere alcohol o drogas.

La agresividad en los seres humanos alcanza su pico en torno a los 2-3 años de edad y luego disminuye en promedio. Sin embargo, un pequeño subgrupo de niños no adquiere las habilidades de autorregulación necesarias y tienden a mostrar niveles atípicos de agresión física a través del desarrollo. Estos niños pueden estar en riesgo de comportamiento violento.

Desencadenantes de comportamiento agresivo en niños:

A. Miedo físico a los demás
B. Dificultades familiares
C. Trastornos del aprendizaje, neurológicos o de la conducta/comportamiento
D. Trauma emocional

Los niños expuestos a un comportamiento agresivo de manera consistente actúan agresivamente. Mientras que los niños expuestos a un comportamiento no agresivo mantienen el control de su comportamiento. Esto sugiere que cualquier persona que entre en contacto con un niño puede tener un impacto en el desarrollo del niño.

Se ha demostrado que varios neurotransmisores y hormonas se correlacionan con el comportamiento agresivo. En la mayoría de los casos, la hormona en cuestión es la testosterona. Hay varios otros neurotransmisores que estimulan el comportamiento agresivo.

A pesar de lo que mucha gente cree, la violencia doméstica no se debe a la pérdida de control del abusador. De hecho, la violencia es una elección deliberada del abusador para tener control sobre su pareja (Centro Nacional contra la Violencia Doméstica [NCADV] 2009).

Los estudios han demostrado que el comportamiento del abusador no tiene que ver con la ira y la rabia. La persona puede funcionar a diario sin signos de comportamiento agresivo. Por ejemplo:

1. No golpean a otros individuos.
2. Se detienen cuando suena el teléfono o la policía llega a la puerta y se mantienen en calma, incluso durante un interrogatorio.
3. El abusador limita sus objetivos a moretones y marcas que no están en lugares visibles del cuerpo. Si estaban "fuera de control" o "enfurecidos" no podían controlar directamente ni limitar dónde caen los golpes o puñetazos sobre el cuerpo.

Hay doce razones diferentes para que una persona utilice la agresión para controlar a otro individuo.

A. Dominio: Las personas abusivas necesitan sentirse a cargo de una relación. Tomarán todas las decisiones para el individuo y la familia, exigiendo el pleno cumplimiento de sus expectativas. El abusador puede tratar a su pareja como una posesión.

B. Humillación: El abusador intentará degradar por completo la autoestima de su pareja insinuando que tiene algún tipo de defecto. Ellos dirán cosas como, "No eres digno ni capaz de vivir sin mí. No valéis nada".

C. Aislamiento: El abusador intentará cortar la comunicación con el mundo exterior, eliminando primero el contacto de cualquier familia o amigos. Luego requerirán permiso para ir a cualquier lugar o hacer cualquier cosa, a veces insistiendo en que vengan con ellos porque temen el contacto exterior.

D. Amenazas: Comúnmente, los abusadores usan amenazas para mantener a sus víctimas en línea. Amenazarán con lesiones corporales e incluso con la muerte a su pareja, familia, amigos o mascotas. Finalmente, pueden presentar cargos falsos en su contra, o reportarlo a servicios para niños.

E. Intimidación: Amenazar con dañar para asegurar la sumisión. Estas tácticas pueden incluir romper o destruir cosas, especialmente cosas de valor personal. Esto incluye bolsos, teléfonos celulares, tarjetas de crédito o reliquias familiares.

F. Negación y culpa: Recuerden, los abusadores son muy buenos para poner excusas a lo inexcusable. Culparán de su comportamiento abusivo y su temperamento violento a una mala infancia, a un mal día e incluso a las víctimas del abuso.

G. Abuso: El abusador arremete con comportamiento agresivo o violento. El abuso es un juego de poder.

H. Culpa: Cuando la incidencia ha pasado, el abusador puede sentirse culpable por el ataque. Sin embargo, la culpa NO será por lo que ha hecho, sino que puede ser atrapado.

I. Racionalización del comportamiento agresivo: Una vez que el evento ha tenido lugar, el abusador viene con una serie de excusas para culpar a la víctima por su propio comportamiento abusivo—cualquier cosa para desviar la responsabilidad de sí mismos.

J. Comportamiento "normal": Después de la incidencia pueden actuar como si nada hubiera pasado, o el abusador puede encender el encanto. Cuidado con los falsos profetas que vienen vestidos de ovejas, porque debajo de esas ropas hay lobos rapaces.

K. Planificación de fantasía: Esta fase es una acción extendida de abuso doméstico. El abusador empezará a fantasear sobre abusar de la víctima de nuevo. Pasarán mucho tiempo pensando en el próximo ataque, e incluso planean cómo cometer el asesinato de su pareja.

L. Configuración: El abusador prepara a la víctima y pone en marcha su plan, creando una situación en la que puede justificar el abuso continuo.

> UU., cada 9 segundos una persona es maltratada físicamente por su pareja.

> Dos tercios de los ataques contra mujeres son cometidos por alguien que la víctima conoce, a menudo un esposo o novio.

> Las mujeres son con mayor frecuencia víctimas de violencia doméstica que las víctimas de robos, atracos u otros delitos físicos combinados.

> La violencia doméstica es de carácter repetitivo. Nunca pasa sólo una vez.

- En los casos de violencia doméstica, el 95% de las veces las mujeres son la víctima, pero en situaciones de violencia familiar los hombres tienen la misma probabilidad de ser víctimas que las mujeres.
- Los niños fueron testigos de actos de violencia contra sus madres en casi el 40% de los casos. Estos niños son más propensos a cometer actos de violencia cuando son adultos. Aprender comportamiento agresivo no es aceptable.
- En la mayoría de los episodios violentos, el abuso de alcohol fue un factor.
- Un tercio de las mujeres agredidas temían por su vida en algún momento durante la relación abusiva.
- Casi la mitad de los casos resultaron en lesiones físicas a la mujer.

> El 85% de las mujeres agredidas manifestaron tener efectos emocionales negativos como miedo, enojo, disminución de la confianza y disminución de la autoestima.

> Los estudios han encontrado que las mujeres negras experimentaron violencia doméstica a una tasa de 35% más alta que las mujeres blancas, y alrededor de 22 veces la tasa de mujeres de otras razas. Los hombres negros experimentaron violencia doméstica a una tasa de aproximadamente 62% más alta que la de los hombres blancos y alrededor de 22 veces la tasa de hombres de otras razas.

1. El maltrato en el hogar no tiene prejuicios de género, prejuicios raciales, edad limitada o motivos financieros.

2. La violencia doméstica también puede afectar al feto, al bebé subsiguiente y a los niños existentes.

    a. Pre-nacimiento: Nacimiento prematuro.
    b. Psicosocial: Interferencia con las relaciones, presenciar violencia, trastornos de la alimentación y del sueño, necesidad emocional, ser retraído, excesivamente obediente, pegajoso o agresivo, problemas en la escuela, ideación suicida.
    c. Legal: Cuestiones relativas a la protección de la infancia, superposición con el maltrato de menores.
    d. Mala salud crónica a largo plazo.

Mitos sobre el abuso doméstico

1. **El maltrato dentro de la familia es un hecho raro.** Las estadísticas nunca muestran el porcentaje correcto, que es extremadamente alto,

simplemente porque la mayoría de los crímenes no se denuncian.

2. **El abusador suele ser un extraño.** De hecho, la mayoría de los delitos denunciados muestran al autor de la violencia doméstica como un familiar o persona conocida.

3. **Las mujeres dicen que no, y en realidad quieren decir que sí.** Esto no podría estar más lejos de la verdad. Las mujeres dicen que no, y significan que no.

4. **A las víctimas les debe gustar ser maltratadas, depravadas y confinadas; de lo contrario se irían.** Irse no es el tema en esta situación. "Salir vivo" es la preocupación. Los pasos para volverse invisible no son tan fáciles de determinar.

5. **El maltrato doméstico sólo ocurre en los hogares de menores ingresos.** Una vez más, se trata de una cuestión humana y no financiera.

6. **El alcohol y las drogas causan la mayoría de los casos de abuso de violencia.** Se ha

observado que los individuos bajo influencia química son más propensos a cometer abusos. Sin embargo, el abusador necesita tener un estado mental estable para explotar a la víctima económica y emocionalmente. Este abuso psicológico puede ser atribuido a su conducta y no a la influencia química.

7. **Los hombres no son victimizados.** Los estudios demuestran que las mujeres son tan propensas a cometer actos de violencia como los hombres. La única diferencia es que las mujeres cometerán los crímenes sin ponerse en peligro inmediato.

Deberes del Capítulo

Preguntas y respuestas (Sí o No)

Discernir los signos

¿Usted:

1. ¿Sientes miedo de tu pareja la mayor parte del tiempo?

2. ¿Evitar ciertos temas por miedo a enojar a tu pareja?

3. ¿Sientes que no puedes hacer nada bien por tu pareja?

4. ¿Crees que mereces ser herido o maltratado?

5. Me pregunto si tú eres el que está loco.

6. ¿Te sientes emocionalmente entumecido o impotente?

¿Su pareja:

1. ¿Humillarte, criticarte o gritarte?

2. ¿Tratarte tan mal que te da vergüenza que lo vean tu familia y amigos?

3. ¿Ignorar o dejar de lado sus opiniones y logros?

4. ¿Te culpan por su comportamiento abusivo?

5. ¿Te ves como una propiedad o un objeto sexual, en lugar de como una persona?

Comportamiento violento

¿Su pareja:

1. ¿Tiene un comportamiento malo e impredecible?

2. ¿Hacerte daño o amenazar con hacerte daño o matarte?

3. ¿Amenazar con llevarse a tus hijos y hacerles daño?

4. ¿Amenazar con suicidarse si te vas?

5. ¿Forzarte a tener sexo?

6. ¿Destruir tus pertenencias?

Controlar el comportamiento

¿Su pareja:

1. ¿Actuar excesivamente celoso y posesivo?

2. ¿Controlar dónde vas o qué haces?

3. ¿Evitarte ver a tu familia y amigos?

4. ¿Limitar tu acceso al dinero, al teléfono o al coche?

5. ¿Constantemente te revisas?

(Centro Nacional contra la Violencia Doméstica [NCADV] 2009)

El esbozo y las directrices que figuran en este capítulo son sólo una guía; no están destinados a asustarte ni a obligarte a tomar una decisión. Sin embargo, las realidades del maltrato doméstico son evidentes y graves. Hacer un cambio drástico en tu vida como escapar de una situación abusiva es difícil y puede parecer imposible en este momento, pero hay esperanza y gente dispuesta a ayudar cuando estés lista para tomar la decisión.

Capítulo Dos:

Planificación de Partida

Si has llegado a este capítulo, entonces ya has pensado en irte. Esto no es un error. Alguna experiencia te ha llevado a esta conclusión. El abuso nunca se justifica por ninguna razón, ya sea verbal o física, y en la mayoría de los casos, por ambas. Tu instinto de vuelo es muy poderoso y no debe ser excusado como mera coincidencia. Estar con una pareja nunca debe implicar tener miedo de la persona.

La siguiente declaración es un buen ejemplo de algunas preguntas que debes hacerte acerca de la relación actual en la que estás involucrado:

"El amor es siempre paciente y amable; el amor nunca es celoso; el amor no es jactancioso ni engreído, nunca es grosero y nunca busca su propio beneficio, no se ofende ni almacena agravios. El amor no se regocija ante las malas acciones, sino que encuentra su alegría en la verdad. Siempre está dispuesto a hacer concesiones, a confiar, a esperar y a soportar lo que venga. El amor nunca llega a su fin".

Si tienes que cuestionar estas afirmaciones y no puedes responder sí a cada porción, entonces o necesitas irte por razones de incompatibilidad o la relación es abusiva. Pero usted no recogió este libro para leer si no había una situación de abuso. Cualquier decisión que ponga en peligro la vida debe ser manejada con gran deliberación antes de tomar acción.

Los datos estadísticos demuestran que el momento en que una víctima se va o justo después de salir es la fase más peligrosa de "Salir Vivo". Por lo tanto, es imperativo crear un plan bien organizado para escapar antes de un evento real.

La lista siguiente es un esquema de sólo las acciones sugeridas. Cada tarea puede no aplicarse a su situación actual, pero las ideas son necesarias para su supervivencia.

1. Toma la decisión de irte.

2. Comience a investigar lugares de vivienda, puntos de venta financieros, refugios, amigos, familia y transporte.

    A. Nunca uses el ordenador de espaldas a una puerta.

    B. Borre todo el historial del explorador cada vez que utilice el equipo.

    C. Nunca proporcione información personal a través de Internet.

    D. Nunca revise el correo electrónico en un equipo doméstico, especialmente a través de outlook express. Siempre conéctate e inicia sesión en tu cuenta de correo electrónico. No almacene mensajes de correo electrónico en su computadora, tableta o teléfono celular.

Internet Explorer almacena un historial de todos los sitios web que ha visitado. Puede eliminar esta información para ahorrar espacio en el disco duro o para proteger su privacidad.

Internet Explorer:

Para eliminar el historial de exploración en Internet Explorer 7:

A. Para abrir Opciones de Internet, haga clic en el botón Inicio , en Panel de control, en Red e Internet y, a continuación, en Opciones de Internet.

B. Haga clic en la ficha General y, a continuación, en Historial de exploración, haga clic en Eliminar. Sí, para confirmar que desea eliminar el historial.

C. Haga clic en Cerrar y, a continuación, en Aceptar.

Para eliminar todo o parte del historial de exploración en Internet Explorer 8:

A. Para abrir Internet Explorer, haga clic en el botón Inicio y, a continuación, en Internet Explorer.

B. Haga clic en el botón Seguridad y, a continuación, en Eliminar historial de exploración.

C. Si no desea eliminar las cookies y los archivos asociados a los sitios web de la lista Favoritos, active la casilla de verificación Conservar datos de sitios web favoritos.

D. Active la casilla de verificación situada junto a cada categoría de información que desee eliminar.

E. Haga clic en Eliminar.

Inicie Firefox.

A. Haga clic en el botón naranja de Firefox en la esquina superior izquierda de la ventana del programa y haga clic en la flecha que apunta a la derecha a la derecha de Historial. Haga clic en Borrar historial reciente.

B. Haga clic en el menú desplegable a la derecha de Intervalo de tiempo para borrar y seleccione "Todo". Alternativamente, seleccione la opción para borrar solo su historial de la última hora, dos horas, cuatro horas o hoy, si lo prefiere.

C. Haga clic aquí para colocar una marca de verificación en el cuadro situado a la izquierda de cualquier elemento adicional que desee borrar debajo de Detalles. Puede borrar su historial de navegación y descarga, caché, cookies, inicios de sesión activos y otra información.

D. Haga clic en Borrar ahora. El historial que has seleccionado se eliminará de Firefox.

Google Chrome almacena un historial de todos los sitios web que has visitado. Puede eliminar esta información para ahorrar espacio en el disco duro o para proteger su privacidad.

Google Chrome:

A. Haga clic en los tres puntos de la esquina superior derecha de la ventana del programa y haga clic en la flecha que apunta a la derecha situada a la derecha de Historial. Haga clic en Borrar historial reciente.

B. Haga clic en el menú desplegable a la derecha de Intervalo de tiempo para borrar y seleccione "Todo". Alternativamente, seleccione la opción para borrar solo su historial de la última hora, dos horas, cuatro horas o hoy, si lo prefiere.

C. Haga clic aquí para colocar una marca de verificación en el cuadro situado a la izquierda de cualquier elemento adicional que desee borrar debajo de Detalles. Puede borrar su historial de navegación y descarga, caché, cookies, inicios de sesión activos y otra información.

D. Haga clic en Borrar ahora. El historial que has seleccionado se eliminará de Firefox.

Controla todas las llamadas telefónicas. No proporcione ninguna información personal por teléfono. Si tiene un teléfono inteligente/Android/iPhone, mantenga el registro de llamadas y el historial borrados en todo momento. Descarga un programa más limpio para mantener todas las búsquedas de teléfono, mensajes e Internet limpias.

Aprenda las rutinas diarias de su abusador y memorícelas, como patrones de sueño, horario de trabajo, etc.

Diseñar un plan de escape exactamente. Sea muy específico y claro en cuanto a sus planes. Practica el plan para que lo aprendas bien.

Seguridad durante un incidente explosivo

El tiempo es esencial, pero no dejes que la contracción del tiempo interrumpa tu planificación. Mantenga un nivel de atención y concéntrese en la agenda.

1. Cuida tu comportamiento. No altere su rutina diaria. Cualquier comportamiento anormal puede causar sospecha.

A. En medio de un ataque, manipula a tu agresor a una habitación con puerta de salida. Evite cocinas y baños, o cualquier habitación que pueda contener armas de cualquier tipo.

B. Practique una ruta de escape en caso de un ataque mayor. Identifique todas las puertas, ventanas, escaleras o ascensores.

C. Contacte con aliados personales para ayudar en caso de otro ataque importante. Elija una palabra de código o una alerta de perturbación.

D. Elabore las casas de seguridad planificadas y la distancia que debe recorrer. Esto ayudará a garantizar su seguridad durante la salida. Lo más probable es que estés solo y el tiempo es esencial.

E. Usa tus instintos para medir la gravedad del ataque. El repliegue puede ser necesario por un corto período para calmar al agresor.

Utilizar las debilidades del abusador para manipular la situación, ralentizando la escalada del ataque.

2. Cree una caja de seguridad.
   a. Monedero
   b. Cartera
   c. Dinero
   d. Documentos financieros
   e. Documentación personal
      a. Licencia diversa
      b. Tarjetas del Seguro Social
      c. Partidas de nacimiento
      d. Tarjetas de crédito/ débito

Mantenga los artículos que son pequeños y fáciles de llevar. Guarde la caja fuera de su casa en un lugar seguro; sus pertenencias personales pueden ser obtenidas en una fecha posterior por los agentes del orden.

Minimiza cualquier comunicación sobre tus planes. Si los discutes con alguien, asegúrate de que sean aliados de confianza. Mantenga sus planes en secreto de cualquier niño que pueda tener también. Recuerde, los niños también son víctimas.

Una vez que tus planes estén trazados, junta todas las piezas.

1. Cuando
2. Dónde/ cómo
3. Vivienda
4. Dinero
5. Protección policial
6. Seguridad de los niños
7. Orientación/ protección jurídica

Preparándose para volverse invisible

1. **Planificar una estrategia financiera:** Empieza a esconder dinero cuando tengas la oportunidad. No guarde el dinero en la casa (solo en efectivo).

   a. Use PVC cortado en trozos y entiérrelos en el patio o guárdelos en algún lugar.

b. Consigue una caja de seguridad solo a tu nombre.

c. Almacene dinero en cualquier lugar al que su abusador no tenga acceso. Trate de no utilizar a los amigos o familiares, que pueden ser persuadidos bajo la fuerza física o amenazas.

Órdenes de Protección (OOP):

1. En la mayoría de los casos, una OP frenará la progresión del comportamiento agresivo. No todos los casos, pero vale la pena tenerlos por si acaso. Recuerde, dejar un rastro de papel establecerá un patrón de abuso para la policía. Documenta cada vez que tu abusador te daña, incluso si no se denuncia. En esta época, hay gente que abusa del sistema. No está bien, pero esa es la realidad. Guarde toda la documentación en un lugar seguro lejos de su hogar.

Las reglas de los PO

1. Los niños deben ser agregados a la orden si es posible. Mantenga la custodia de sus hijos en todo momento.
2. Su OOP debe permanecer en su presencia en todo momento.
3. Llame a cada instancia en que se haya violado la orden. Documenta cada instancia. Debes tener un curso establecido de abuso. Esto deja un rastro de papel para su procesamiento en una fecha posterior.
4. Informar a todas las partes implicadas de la OP. Entregue la orden en mano a la comisaría local y pida que se deposite una copia en sus archivos. debes defender tus propios derechos.
5. Diseñar un plan alternativo en caso de que la ayuda no llegue inmediatamente.
6. Las OO son una calle de doble sentido y ambas partes tienen que cumplir.
   A. No los saque de la cárcel.

B. No los visites en la cárcel.

C. No llame ni acepte llamadas a cobro revertido.

D. No deje que los niños vean al abusador.

E. Cierra la puerta y aléjate, y nunca mires atrás.

Papeles de divorcio: Tan pronto como presente la Orden de Protección, vaya directamente a un abogado y tramite su divorcio. No lo dudes. Cualquier retraso en volverse invisible le dará a su abusador la esperanza de que está regresando. **Elimine todo contacto lo antes posible.**

2. No guarde ningún elemento de valor para usted en su hogar, o cosas que se necesitan para convertirse en invisibles.

3. Crea una palabra clave para aquellas personas que te están ayudando a ser invisible. En otras palabras, si la situación se vuelve extrema, todo

lo que tiene que decirse es su palabra clave.
Llamarán automáticamente al 911.

4. Obtenga una caja fuerte para incendios para
    mantener números de teléfono importantes,
    certificados de nacimiento, número de seguridad
    social, tarjetas de crédito, títulos de vehículos,
    tarjetas de seguro, chequeras, llaves de
    automóviles, registros de niños, etc.

Estadísticas del FBI (NCADV 2009)

> El 75% de todos los homicidios por parte de
> parejas íntimas masculinas ocurrieron después
> de que la víctima se fue.

> Dos tercios de las mujeres asesinadas con un
> arma de fuego fueron asesinadas por sus
> parejas. El número de mujeres asesinadas a tiros
> por su pareja fue más de tres veces mayor que el
> número total de asesinatos cometidos por
> hombres desconocidos que utilizaban todas las

armas combinadas en incidentes con una sola víctima en 2002.

> La accesibilidad a las armas de fuego produce más de cinco veces el aumento del riesgo de homicidio en la pareja cuando se consideran otros factores de abuso. Los estudios sugieren que los abusadores que poseen armas tienden a infligir los abusos más severos a sus parejas.

> El 50% de los delincuentes que están en prisión estatal por maltrato conyugal habían matado a sus víctimas.

Víctimas de acoso

> La duración media del acecho es de 1,8 años.

> Si el acecho involucra a parejas íntimas, la duración promedio del acecho aumenta a 2,2 años.

> El 61% de los acosadores hacían llamadas telefónicas no deseadas; 33% envió o dejó cartas o artículos no deseados; 29% destrozó

propiedad; y el 9% mató o amenazó con matar a una mascota de la familia.

- El 28% de las mujeres víctimas y el 10% de los hombres víctimas obtuvieron una orden de protección.
- El 69% de las víctimas femeninas y el 81% de los hombres tenían la orden de protección violada.
- El 76% de las mujeres víctimas habían sido acosadas por la persona que las mató.
- El 67% había sido maltratado físicamente por su pareja.
- El 89% de las mujeres víctimas de maltrato físico también habían sido acosadas en los 12 meses anteriores al asesinato.
- El 79% de las mujeres víctimas de abuso denunciaron acecho durante el mismo período en que denunciaron abuso.
- El 85% de los casos de mujeres involucraron al menos un episodio de acecho dentro de los 12 meses previos al ataque.

➢ El 54% de las víctimas denunciaron acecho a la policía antes de ser asesinadas por sus acosadores.

Testigos

➢ Algo más de la mitad de las mujeres víctimas de la violencia doméstica viven en hogares con hijos menores de doce años.

➢ Las mujeres maltratadas no son las únicas víctimas de abuso -se estima que entre 3,3 millones y 10 millones de niños son testigos de violencia doméstica anualmente.

Las investigaciones demuestran que la exposición a la violencia puede tener graves efectos negativos en el desarrollo de los niños.

➢ El 19% de las féminas no denunció abusos a la policía por miedo a la venganza del maltratador.

➢ Alrededor de 1 de cada 10 víctimas masculinas y menos de 1 de cada 10 víctimas femeninas dijeron que no denunciaban el delito a la policía porque no querían meter al delincuente en problemas con la ley.

➢ El 50% de las víctimas masculinas y un tercio de las femeninas no denunciaron el abuso porque consideraron que se trataba de un "asunto privado o personal". Si bien esta era la razón más común aducida tanto por los hombres como por las mujeres, era utilizada por los hombres víctimas en un porcentaje significativamente superior al de las mujeres.

➢ Los informes indican que alrededor del 86% de las mujeres que recibieron una orden de protección declararon que el abuso se había detenido o se había reducido considerablemente.

Ahora que todo está en su lugar, ha llegado el momento de hacer su partida. Manténgase enfocado en el negocio que tiene a mano; puede preocuparse por todo lo demás en una fecha posterior. Lo único que importa ahora es tu vida; los artículos de material se pueden reemplazar, no es posible.

Mantenga el plan sencillo. Los detalles entrarán en su lugar a medida que avanza. No te enfades por lo que pasó en el pasado o podría pasar en el futuro. Lo único que estamos garantizados es el momento presente.

Capítulo tres:

Inicialización del plan

La siguiente fase de su viaje está a punto de comenzar: encontrar la libertad de su relación abusiva. Así que respira profundo y relájate. No se pueden tomar decisiones competentes en estados de miedo o agotamiento. El siguiente conjunto de pasos es la guía para sus primeros días de libertad.

1. Encuentra una reunión de Sobrevivientes Propósitos a la que asistir. Sólo con personas que comparten un fondo común se puede encontrar seguridad y apoyo. Este puede ser un momento traumático, y cuidar su salud y bienestar mental es imprescindible.

2. Mantenga la comunicación sencilla y al mínimo. No hable, mande mensajes o llame a su abusador por ninguna razón, a menos que sea

una emergencia. Entonces siempre consulte con su policía local primero. De nuevo, mantengan sus planes en secreto, excepto para aliados de confianza.

3. Solicite su Orden de Protección. Esto es para asuntos legales, y la documentación es esencial. No deje de lado su seguridad o la seguridad de sus hijos por ninguna razón.

4. Consigue un nuevo número de teléfono o un nuevo teléfono móvil. Mantener es privado.

5. Elimine cualquier cuenta bancaria, tarjeta de crédito, tarjeta de débito, seguro o factura que pueda estar mezclada con el abusador.

6. Consulte con un abogado para obtener asesoramiento jurídico. Las consultas iniciales son siempre gratuitas.

Si no está en un refugio, asegure el hogar en el que se hospeda.

1. Mantenga las puertas cerradas.

2. No salir por la noche, excepto cuando sea necesario y tratar de tener acompañamiento.

3. Cambie su rutina diaria, incluyendo las rutas de manejo.

4. Informe a su jefe y compañeros de trabajo de su situación sin ser demasiado específico. Hable con la escuela de sus hijos si corresponde.

5. **MUY IMPORTANTE:** eliminar cualquier uso de internet, especialmente los sitios de redes sociales. Cierre cuentas antiguas. Minimizar la información pública de cualquier manera.

La biblioteca local es una gran fuente de información en línea para usar si sus recursos en casa no son adecuados. No dejes que tu estatus financiero o nivel de educación te disuada de la restauración y te mantenga viviendo con el miedo al abuso. Nadie merece ser abusado por ninguna razón en ningún momento. No estás solo. Hay esperanza.

6. Controla todas las llamadas telefónicas. No preste ninguna información personal por teléfono.

7. Si usted ha sufrido lesiones, consulte a un médico inmediatamente y tenga el caso documentado.

No hay límite de tiempo para cuánto tiempo tendrás que permanecer invisible, pero es esencial para tu supervivencia y tus hijos. Cada situación es única; sin embargo, siempre erran por el lado de la precaución. Dependiendo de tu pareja y de lo violento, endiablado y controlando su comportamiento, debes ser cauteloso. Mantener todos los aspectos de sus planes en secreto es esencial para su propia seguridad.

El único factor positivo que está disponible es que usted tiene la ventaja de patrones de comportamiento aprendidos. Use este conocimiento para su beneficio. Su abusador repetirá el viejo comportamiento consistentemente. Tú, en cambio, has cambiado el juego por completo. Ellos no tienen tu nuevo libro de jugadas, por así decirlo. Siempre mantenga al abusador en la oscuridad en cuanto a sus planes. Recuerde, ya no hay razón para responder a sus demandas.

Capítulo cuatro

Tomando medidas

Ha llegado el momento de que empieces a pensar en tu propia vida y te conviertas en el increíble individuo para el que fuiste creado.

Una vez que te hayas instalado tanto como sea posible bajo las circunstancias, la preparación para el futuro es una necesidad. Recuerda, esta vez el futuro es para ti. Está bien ser egoísta.

La lista a continuación es algunos arreglos que usted puede necesitar hacer dependiendo de sus circunstancias.

1. Ubica tu vivienda.
2. Establecer la estabilidad financiera.
   a. DES (Departamento de Servicios Económicos)

b.   Sellos de nutrición

c.   Atención de salud

d.   Servicios para niños (si es necesario)

e.   Empleo (si es necesario)

f.   Transporte (si es necesario)

g.   Servicios jurídicos. (si es necesario) Hay servicios legales gratuitos disponibles en todos los estados.

Cada uno de estos elementos es una parte necesaria de la independencia. Algunos de ellos pueden no aplicarse a su situación, pero cada uno tiene sus propios méritos y es importante que esté al tanto de cada elemento. Pueden llegar a ser pertinentes en el futuro.

3. Encuentra una reunión de grupo de Supervivientes Propósitos. Esto le permitirá interactuar con otras personas que comparten algún punto en común con usted. Usted puede encontrar la orientación y el apoyo necesarios para su éxito. A veces, solo sabiendo el apoyo

que hay puede ser suficiente para mantenerte avanzando.

En un momento u otro de nuestras vidas, nos sentimos como si estuviéramos solos y abrumados con la vida en general. Contar con el apoyo de personas afines puede cambiar el curso de cualquier situación. No estás solo. Hay esperanza.

Los primeros pasos de la libertad pueden ser una tarea desalentadora y parecen imposibles, pero cada segundo que eres libre vale la pena el esfuerzo. Se reduce a una cosa: La forma en que piensas es como serán las cosas. Permanezcan abiertos de mente, y la mayoría de los problemas se resolverán sin dificultad. Tomaste una de las decisiones más difíciles de tu vida y tener miedo es normal, incluso esperado. La clave es cómo manejar este miedo. Deja que controle tus emociones y destruirá tu vida. El miedo es un mecanismo instintivo para la supervivencia. Úsalo en tu beneficio al permanecer consciente de tu entorno y acciones. Esto te mantendrá concentrado en el plan sin vivir en un miedo infundado.

Capítulo Cinco:

Primeros pasos de la libertad

El último capítulo de este libro trata sobre los métodos para encontrar la restauración. El proceso implica trabajar a través de los 12 Pasos de Restauración en el Programa de Sobrevivientes Propuestos. Estos pasos restablecerán una base sólida sobre la que ustedes puedan pararse. Comprenderse a sí mismo es crucial para completar la restauración. Buscar soluciones es la única manera de resolver un problema.

El libro "Survivor Basics" ("Aspectos básicos de los sobrevivientes") te ayudará a entender el programa y a encontrar una libertad libre de abuso doméstico.

A continuación se muestra una lista de los 12 pasos de restauración para obtener información inicial.

"El Propósito de la restauración es simplemente vivir la vida libre de las ramificaciones del abuso doméstico. Si usted está dispuesto a hacer un esfuerzo en la búsqueda de la solución a la libertad, entonces estos son los pasos básicos que debe hacer. Estos son los pasos que hicieron posible nuestra restauración".

1. Admitimos Que Éramos Impotentes Para Nuestro Abusador- Y La Vida Que Vivimos Fue Inmanejable.
2. Llegamos a creer que un poder mayor que nosotros podría devolvernos a la cordura.
3. Tomamos la decisión de confiar en el Dios de nuestro entendimiento y luego entregar nuestra voluntad y nuestras vidas a él.
4. Hicimos un inventario moral de nosotros mismos que buscaba y temía.
5. Admitimos a Dios, a Nosotros mismos y a Otro Ser Humano la Vergüenza y Humillación de Nuestra Aceptación de la Violencia que Retenía Nuestra Vida.

6. Estábamos Completamente Listos para Liberar y pedirle a Dios que Eliminara Todos Estos Defectos del Carácter.

7. Humildemente Le Pedimos Que Eliminara Nuestras Carencias.

8. Hicimos una lista de todas las personas que nos dañaron, y se volvieron dispuestos a hacer la paz con nuestros abusadores y aceptar el juicio es concedido solo por el Dios de nuestro entendimiento.

9. Hicimos Enmiendas Directas a Nosotros Mismos y Declaraciones de Perdón a las Personas Que Nos Han Lesionado.

10. Seguimos buscando la restauración a través de un inventario personal diario y aceptando la responsabilidad de nuestras acciones.

11. Buscamos a través de la oración y la meditación para mejorar nuestro contacto consciente con Dios como lo entendimos, orando solo por el

conocimiento de su voluntad para nosotros y el
poder para llevar a cabo eso.

12. Habiendo tenido un despertar espiritual como
resultado de estos pasos, tratamos de llevar este
mensaje a otros, y de practicar estos principios en
todos nuestros asuntos.

Mujer en América.
He venido por ti.
He venido por tus hijos.
He venido por tu libertad.

Ya no digo más.

Tu voz ha sido silenciada a través de tu dolor.
Tus lágrimas no se han visto.
Tus gritos no se han oído.

Ya no digo más.

Ya no se callará tu voz.
Ya no se verán tus lágrimas. Ya
no se oirán tus gritos.

Ya no digo más.

Soy tu voz.
Lloro tus lágrimas.
Conozco tu dolor.
Prometo luchar por tus derechos humanos.

Ya no digo más.

LE DIGO A TODAS LAS MUJERES MALTRATADAS EN AMÉRICA
Evoke/ Intercessor

Libros adicionales

- **Saliendo Vivo**

- **Conceptos básicos sobre supervivientes**

- **Comienzos iniciales**

- **12 Guía paso a paso para la restauración**

Síguenos: @purposeSurvivor.com

www.ingramcontent.com/pod-product-compliance
Lightning Source LLC
Chambersburg PA
CBHW071503030726
47593CB00003B/1130